MINISTÈRE DES RÉGIONS LIBÉRÉES

DIRECTION GÉNÉRALE DES SERVICES TECHNIQUES

RAPPORT

DU

DIRECTEUR GÉNÉRAL DÉPARTEMENTAL

DES SERVICES TECHNIQUES DE RECONSTITUTION

IMPRIMERIE BERGER-LEVRAULT

NANCY-PARIS-STRASBOURG

1921

MINISTÈRE

des

REGIONS LIBÉRÉES

DÉPARTEMENT

de

MEURTHE-ET-MOSELLE

DIRECTION GÉNÉRALE

des

SERVICES TECHNIQUES

N° 1786. D. G.

Nancy, le 8 mars 1921.

Le Directeur général départemental
des Services techniques de Reconstitution

à

Monsieur le Préfet de Meurthe-et-Moselle.
Cabinet.

J'ai l'honneur de vous adresser ci-joint le rapport pour le Conseil général (1re session 1921) en ce qui concerne les Services techniques de Reconstitution.

I — CONTROLE DES MARCHÉS ET ENTREPRISES

1° Reconstitution du sol

La reconstitution du sol comprend :

a) L'enlèvement des projectiles;
b) L'enlèvement des réseaux et le comblement des tranchées.

a) *Enlèvement de projectiles.*

Surface totale à purger	430.000	hectares.
Surface purgée au 1er *février 1921* . .	407.703	—
Reste à purger.	22.297	hectares.

Le travail de désobusage exécuté par les artificiers, sous la direction de l'autorité militaire a donné lieu aux dépenses ci-après :

Imputables sur l'exercice 1920.

Au 1er juillet 1920	738.557f 38
Au 31 décembre 1920	2.371.938 30

Imputables sur l'exercice 1921.

Au 1er février 1921. . . . . 247.519f 32
Dotation *demandée* au titre du chapitre 72, article 2 du budget de 1921. . . . . 2.000.000 »

Les travaux d'enlèvement des projectiles et de destruction sur place seront terminés en 1921.

b) *Enlèvement de réseaux et comblement de tranchées.*

Les crédits demandés pour 1920 étaient basés sur l'achèvement complet à fin *décembre* des travaux de remise en état du sol en dehors de la zone rouge.

Le manque de crédits n'a pas permis de terminer en 1920 ce travail, qui pourrait être achevé en 1921 si les crédits nécessaires nous étaient accordés et si le service compétent était en mesure de préciser les nouvelles limites de la « zone rouge ».

En effet, les prévisions du travail étaient basées sur une *limitation provisoire* de ladite « zone rouge » établie au *printemps de 1919* par le génie rural. Cette limite est aujourd'hui modifiée.

C'est pourquoi, afin de préparer un programme bien défini du travail restant à exécuter, il a été demandé au Service de Reconstitution foncière d'établir nettement la nouvelle limite de cette zone telle qu'elle résulte du travail des Commissions communales de reconstitution foncière instituées par l'article 1 de la loi du 4 mars 1919.

Ce service a fait connaître :

« Que la délimitation faite par les Commissions communales intéressées a fait l'objet de divergences de vues telles que, des solutions nouvelles s'imposant, il a été posé au Service central, à Paris, plusieurs questions restées sans réponse. Les travaux faits jusqu'à ce jour peuvent donc être modifiés dans un très court délai, et il ne paraît pas possible de donner à ces renseignements le caractère d'exactitude demandé. »

Toutefois, une enquête faite par les chefs de subdivision a permis de se rendre compte de l'importance approximative des travaux qui resteraient à exécuter par suite de la nouvelle délimitation résultant du travail des Commissions communales.

Ces renseignements sont résumés ci-dessous :

Enlèvement de réseaux. . . . . 1.000.000 m^2
Comblement de tranchées et de trous d'obus. 600.000 m^3

Ces chiffres viennent s'ajouter aux prévisions établies antérieurement, mais ils ne peuvent servir de base à une mise en adjudication, et il est absolument nécessaire, si l'on veut achever en 1921 les travaux de remise en état du sol, *en dehors de la zone rouge* que la nouvelle limite de cette zone soit fixée dans le plus bref délai pour permettre de demander des crédits supplémentaires en vue de leur exécution.

Quoi qu'il en soit, et quelle que soit la destination des surfaces classées définitivement « zone rouge » boisement, remise en culture, pâturage, etc..., nous croyons qu'il serait nécessaire de procéder à l'*enlèvement des réseaux*, tôles, piquets en fer, poutrelles en béton ou en acier, situés sur cette partie, étant donné que le désobusage se poursuit sans classification de zone, en laissant de côté bien entendu la remise en état du sol proprement dite, comblement de tranchées et de trous d'obus, démolition d'abris. La dépense n'excéderait pas la somme de 3 millions environ.

Les prévisions du travail à exécuter ont également subi une modification du fait qu'en exécution de la circulaire ministérielle du 17 avril 1920, complétée par celle du 17 septembre, les commissions cantonales ne doivent plus comprendre dans les dommages de guerre *les travaux de remise en état du sol.*

Ces travaux étant exécutés aux frais de l'État lorsque le montant de la dépense à engager est inférieur à la valeur du sol à reconstituer, il en est résulté une augmentation des prévisions lors du rejet par les commissions cantonales des demandes d'indemnités formulées par les sinistrés.

Enfin, en ce qui concerne les travaux de remise en état du sol dans les forêts, la circulaire n° 719 du 11 janvier 1921 est venue mettre au point cette question en précisant que l'exécution de ces travaux serait dirigée par les *fonctionnaires et agents de l'Administration des Eaux et Forêts,* et que le remboursement de ces dépenses serait assuré par l'Administration Centrale des Régions Libérées.

Il ne sera donc pas fait mention ici des travaux restant à exécuter *dans les forêts.*

Surface à reconstituer.	430.000	hectares.
Surface reconstituée *au 1er février 1921.*	403.483	—
Reste à reconstituer.	26.517	hectares.
(dont en forêt	25.000	—

Ce travail de reconstitution correspond à :

Tranchées et trous d'obus à combler	11.000.000	m³ (1)
— *au 1er février 1921* .	11.008.691	

(1) Ce chiffre n'a pu être fourni qu'approximativement, étant donnée la difficulté d'évaluer le cube total à combler, et il y aurait lieu de lui ajouter les 600.000 mètres cubes, résultat de l'évaluation faite en attendant les décisions des commissions communales de reconstitution foncière, par suite de la modification de la zone rouge.

Réseaux de fils de fer à enlever		55.000.000 m² (1)
Réseaux de fils de fer enlevés au *1er juillet 1920*	29.900.000 m²	
Réseaux de fils de fer enlevés au *1er février 1921*		50.100.000
Reste à enlever.		4.900.000 m²

Dépenses imputables sur l'exercice 1920.

Entreprises et travaux exécutés par les sinistrés .	11.693.436f 80
Régie ou petits tâcherons.	4.803.199 93
TOTAL.	15.996.636f 73

Dépenses imputables sur l'exercice 1921.

Au 1er février 1921 :	
Entreprises (y compris travaux exécutés par les sinistrés).	11.683f 53
Régie	néant.
Dotation demandée au titre du budget de 1921 :	
Chapitre 71, article 1er : entreprises	2.500.000f »
Chapitre 72, article 3 : régie.	25.000 »

2° Déblaiement des agglomérations

Les travaux de déblaiement ont subi en 1920 un ralentissement sensible résultant de la non-attribution des crédits demandés.

Ces travaux qui auraient été entièrement achevés en 1920 si on avait alloué les crédits demandés seraient certainement terminés en 1921 si les crédits nécesssaires étaient accordés.

Les derniers travaux restant à exécuter ont fait l'objet d'une adjudication, *le 20 janvier dernier*, portant sur *32 communes* et s'élevant à la somme de 1.310.000 francs.

Or, la dotation provisoire accordée au titre de l'exercice 1921 ne permet pas d'approuver cette adjudication, et les *160.000 mètres cubes* qu'elle concerne ne seront pas déblayés si *la dotation définitive* est inférieure à la dotation de 6.700.000 francs qui a été demandée par lettre du 28 janvier 1921 à M. le ministre.

Il deviendrait, en outre, nécessaire de prononcer un nouvel ajournement des travaux de déblaiement actuellement en cours pour réserver la dotation allouée *aux seuls travaux* de déblaiement ne pouvant être différés sans inconvénient majeur, notam-

(1) A ce chiffre, il y aurait lieu d'ajouter le million de mètres carrés de réseaux, résultat de l'évaluation faite en attendant les décisions des commissions de reconstitution foncière par suite de la modification de la zone rouge.

ment pour des raisons d'hygiène et pour ne pas provoquer l'arrêt de la reconstruction.

L'adoption de cette mesure ne manquerait pas de nous exposer à de graves réclamations de la part des entrepreneurs, qu'elle atteindrait pour la seconde fois et de soulever de vives et nombreuses réclamations des sinistrés.

Au programme initial du *déblaiement des immeubles*, est venue s'ajouter la *question des abris en béton* dont la démolition s'impose pour permettre la reconstruction.

Devant les nombreuses demandes des sinistrés et des coopératives, nous avons dû étudier cette question.

Les prix *excessifs* demandés par les entrepreneurs pour la démolition de ces abris ont conduit à envisager la mise en adjudication de l'ensemble de ces travaux, afin d'obtenir des conditions plus avantageusss pour l'État.

Le Service d'architecture consulté, a fait connaître pour chaque commune intéressée quels étaient les abris dont la démolition était nécessaire en vue de la reconstruction des immeubles sur l'emplacement desquels ils se trouvaient.

L'enquête faite sur l'importance des travaux à exécuter a donné les résultats suivants :

Cubes à démolir	28.000 m³
Dépenses à envisager	1.400.000f environ

Ces travaux ne pourront être entrepris qu'autant qu'un crédit supplémentaire nous sera accordé.

Le cube total des déblaiements à effectuer était de (1) :

	2.773.432 m³ (1)
Au 1er février 1921 sont déblayés . .	2.223.432 m³
Reste à déblayer	550.000 m³ environ

Dépenses imputables sur l'exercice 1920.

Entreprises	15.852.182f 46
Régie (travaux exécutés avant la suppression du personnel des T. E.)	1.979.762 74
TOTAL	17.831.945f 20

Dépenses imputables sur l'exercice 1921.

Au 1er février 1921 :

Entreprises.	4.410f 16
Régie.	»

(1) Ce chiffre a été porté de 2.300.000 à 2.773.432 à la suite d'une récente enquête faite sur les travaux de déblaiement restant à exécuter.

Dotation demandée au titre du budget de 1921.

Chapitre 71, article 2 : entreprises . . . . 6.700.000 fr.
Chapitre 72, article 4 : régie. 5.000

Dotation provisoire accordée au titre du budget de 1921.

Chapitre 71, article 2 : entreprises . . . . 4.000.000 fr.
Chapitre 72, article 4 : régie. 30.000

3° Reconstitution des moyens d'habitation

La reconstitution des moyens d'habitation comprend :

a) *Travaux d'hygiène.* — Remise en état des puits, vidange des fosses d'aisances, curage et faucardement des ruisseaux, construction de W. C. de fortune, pavage d'écurie provisoire, etc...

b) *Montage d'abris provisoires* (abris-habitations et abris agricoles);

c) *Réparation d'urgence des immeubles partiellement détruits.*

a) Travaux d'hygiène

Les travaux de curage de puits sont à peu près terminés.

Au 1er février 1921, sur 7.073 puits à curer, *6.357* étaient nettoyés. Les travaux de vidange *sont terminés* (Travaux exécutés : 25.900 mètres cubes).

Les maires des communes sinistrées ont été informés qu'à dater du *1er octobre 1920*, les travaux de vidange des fosses d'aisances n'étaient plus assurés par le service.

Dépenses imputables sur l'exercice 1920.

Les dépenses faites au 31 décembre 1920 atteignent. 1.964.484f 82

Dépenses imputables sur l'exercice 1921.

Au 1er février 1921. . . . . 14.524 32

Dotation demandée sur le budget de 1921.

Chapitre 71, article 3 : entreprises . . . . . . 500.000f »
Chapitre 72, article 5 : régie. . . . . 50.000 »

En dehors des travaux de curage et de vidange indiqués ci-dessus, ces dépenses comprennent :

1° *Les travaux de curage de ruisseaux;*

2° *La réfection et l'installation provisoire de canalisation d'eau, l'établissement de W. C. de fortune, le pavage d'écuries provisoires,* etc...;

3° *Les installations d'hôpitaux provisoires* pour les travailleurs.

Les travaux de curage des ruisseaux sont étudiés par le Service hydraulique *qui doit les faire exécuter* sur les crédits, fournis par le *ministère des Régions Libérées.*

b) Montages d'abris provisoires

Situation au 1er février 1921.

	CONSTRUCTIONS DEMANDÉES avant le 1er février	TOTAL DES CONSTRUCTIONS réalisées ou en cours au 1er février 1921	RESTE A EXÉCUTER au 1er février 1921
Abris-habitations . .	4.901	4.811	90
Abris agricoles . . .	3.442	3.317	125
		TOTAL. . . .	215

Dépenses imputables sur l'exercice 1920.

Les dépesnes faites au 31 décembre 1920 atteignent. 6.109.872f 73

Dépenses imputables sur l'exercice 1921.

Au 1er février 158.985 10

Dotation demandée sur le budget de 1921.

Chapitre 76, article 1er. . . . . 2.800.000 fr.

Les maires des communes ont été invités par note en date du 30 novembre 1920, rappelée le *3 janvier dernier*, à faire connaître le programme d'abris nécessaires au *printemps 1921.*

Sur *225* communes consultées, *218* ont actuellement répondu.

Les besoins probables pour 1921 s'élèvent à :

300 abris-habitations;

500 abris agricoles.

Les abris actuellement fabriqués et en cours de fabrication en Meurthe-et-Moselle permettront de donner satisfaction à toutes les demandes présentées ou qui pourront se produire dans le courant de l'année.

Le montage des abris sera facilement assuré pour permettre l'achèvement de ce programme dans le cours de l'année 1921.

c) RÉPARATION D'URGENCE DES IMMEUBLES PARTIELLEMENT DÉTRUITS

Ces travaux de réparation d'immeubles ne sont plus exécutés directement par le Service des T. E.

Il s'agissait d'une exception justifiée par l'absence d'entrepreneurs, en particulier, dans le nord du département.

Aussi les prévisions budgétaires pour 1921 ne comportent aucune demande de crédits pour la réparation d'immeubles sur le chapitre 62 des travaux à la charge de l'État.

II — APPROVISIONNEMENTS EN BOIS — ABRIS MATÉRIAUX

Le Service des Ponts et Chaussées qui a sous sa direction les exploitations forestières de Malvaux (territoire de Belfort) et de Saulxures-sur-Moselotte, les scieries installées dans ces forêts et à Laneuveville-devant-Nancy, les ateliers de Jarville et la tuilerie de Champigneulles, a continué depuis la session d'août du Conseil général d'assurer la marche de ces diverses exploitations et industries, ainsi que des marchés en cours pour la construction d'abris provisoires et ceux passés avec divers fournisseurs de bois, pour alimenter les ateliers de Jarville.

Exploitations forestières. — L'exploitation de la forêt de Raon-l'Étape a été terminée le 1er avril 1920; celle de Saulxures-sur-Moselotte le sera pour le 1er avril prochain. Quant à celle de Malvaux, elle est en pleine activité, et nous n'en prévoyons la fin que dans le courant de l'année 1922. Les scieries installées dans ces exploitations débitent la presque totalité des bois abattus, et les expédient dans nos ateliers de Jarville, dans les dfférents magasins du Service des Matériaux, et chez nos constructeurs de maisons provisoires, ce qui nous met à l'abri des fluctuations des prix des bois.

Ces diverses scieries ont débité dans l'année 1920 : 15.000 mètres cubes de bois de charpente, chevrons, planches et voliges.

Les dépenses de ces exploitations ont été, pendant l'année 1920, de 2.013.956f 79. Nous ferons remarquer que ce chiffre comprend non seulement les dépenses pour bois débités, mais encore celles des bois exploités et non débités, existant soit sur le parterre des forêts, soit sur le chantier des scieries.

Ateliers de Jarville. — Ces ateliers, qui occupent environ 160 ouvriers, ont fabriqué dans l'année 1920 :

475	abris provisoires à	2 pièces.
157	—	3 —
43	—	4 —
59	abris agricoles de	15 m. type A.
1	—	36 m. —
91	—	de type B.
175	—	15 m. type C.
1	—	30 m. —
1	—	69 m. —

Ils ont également livré aux divers services de reconstitution du mobilier de bureau, des tables de cuisine, du mobilier scolaire, des bancs d'église, et plus de 1.000 échelles de meunier pour abris agricoles.

La fabrication se porte en ce moment d'une façon intensive sur les abris agricoles.

Les dépenses pendant l'année 1920 ont été de : 1.348.467f 60.

Tuilerie de Champigneulles. — La tuilerie de Champigneulles louée par l'État et exploitée en régie, continue sa fabrication et occupe en moyenne 50 ouvriers. Dans l'année 1920, elle a fabriqué :

459.480	tuiles à double recouvrement.	
12.340	— à simple recouvrement.	
7.316	— faitières.	
1.735	demi-tuiles.	
565	tuiles à douilles.	
25.000	tuiles de troisième choix.	
288.305	briques pleines.	
29.080	briques creuses	5 × 11 × 22.
45.760	—	8 × 11 × 22.
4.210	—	11 × 11 × 22.
10.330	—	5 × 16 × 22.

Les dépenses de l'année 1920 ont été de : 344.601f 25, ce qui fait ressortir le mille de tuiles à 484 francs et celui de briques à 262 francs: prix sensiblement inférieurs à ceux payés alors dans le commerce.

Abris provisoires. — Les marchés pour la fabrication d'abris provisoires que nous avons traités à différents entrepreneurs sont presque terminés. Sur les 700 abris qui devaient être fabriqués, il ne reste plus que 20 abris à construire par M. Vauconsant, industriel à Saint-Nicolas.

Nous n'avons passé en 1920 aucun marché nouveau, le Service des Matériaux s'occupant de ce soin.

Matériaux en général et mobilier. — La réalisation du programme indiqué au rapport de la première session de 1920 pour l'installation des magasins et l'approvisionnement des matériaux nécessaires à la reconstitution a été poursuivi jusqu'au mois d'août 1920.

A cette époque, le ministre des Régions libérées a décidé qu'il ne serait plus passé de nouveaux marchés, ni par le Service central, ni par les services départementaux, et que les stocks seraient liquidés.

Depuis le mois d'août, le Service des Matériaux a continué :

1° A recevoir les matériaux restant à livrer sur les marchés antérieurs;

2° A céder aux sinistrés et aux coopératives les matériaux, matériels et mobiliers qui lui ont été demandés;

3° A liquider les matériaux et matériels susceptibles de se détériorer.

Enfin, le 5 février 1921, M. le ministre des Régions libérées a ordonné de liquider complètement tous les stocks avant le 31 décembre 1921, laissant au préfet le choix des moyens pour réaliser au mieux des intérêts de l'État.

Les instructions ministérielles permettent d'établir un programme de liquidation, auquel on espère associer le commerce local et les entrepreneurs, tout en assurant aux particuliers les avantages des prix de liquidation.

Valeur des stocks. — La valeur des stocks, d'après la situation au 31 décembre, qui n'a pas varié dans des conditions notables, est détaillée ci-après :

1° Stations-magasins des matériaux. . .	27.270.462f
2° Camps et parcs provenant des armées.	6.861.915
3° Stations-magasins du mobilier . . .	5.880.242
Ensemble.	40.012.619f

Montant des cessions pour la reconstitution. — Les cessions imputables sur dommages de guerre s'élèvent aux chiffres ci-après :

	DE L'ORIGINE DU SERVICE au 1er août 1919	DU 1er AOUT 1920 au 1er MARS 1921
Sinistrés immobiliers.	5.329.121f 59	3.800.000f
Sinistrés de l'O. R. I.	4.929.191 91	2.500.000
Mobilier.	891.386 95	570.000
TOTAL.	11.149.700f 45	6.870.000f

Ces chiffres ne comprennent pas les matériaux fournis au Service des travaux d'État et rétrocédés par ce service aux sinistrés par imputation sur dommages : depuis l'origine du service : 3.197.000 francs.

Montant des cessions de matériaux faites pour les travaux à la charge de l'État. — Le total s'élève depuis l'origine du service à : 29 millions de francs.

L'importance des stocks au 1er mars 1921, celle des *stocks à recevoir* sur marchés anciens, et les *quantités cédées*, du 1er août au 1er mars 1921 sont indiquées au tableau ci-après, pour les principaux matériaux.

DÉSIGNATION DES MATÉRIAUX ou DU MOBILIER	QUANTITÉS des principaux MATÉRIAUX en magasin au 15 fév. 1921	IMPORTANCE des STOCKS restant à recevoir sur les marchés anciens	QUANTITÉS des principaux MATÉRIAUX cédés du 1er août 1920 au 15 février 1921
Bois . { Planches, voliges. . . / Chevrons, charpente. . }	14.900 m³	121.000 m³ / 14.000 m³	2.290 m³
Carton bitumé et ruberoïd. . .	129.340 m²		1.052.000 m²
Tuiles	430.180	670.000	1.403.000
Ardoises	287.730		390.000
Briques.	8.074.000		448.000
Chaux.	5.540 t.		2.985 t.
Ciment Portland	1.745 t.		880 t.
Ciment de laitier.	1.670 t.		1.275 t.
Plâtre.	1.925 t.		775 t.
Parquet	104.700 m²	13.000 m² (chêne)	91.520 m²
Fenêtres.	2.900		22
Portes.	2.500		1.795
Verre à vitres	60.100 m²		353.500 m²
Fers.	2.735		4.880 t.
Pointes et boulons	175 t.		230 t.
Matelas varech.	3.400		3.236
Matelas laine.	3.350		4.068
Oreillers	6.200		1.434
Traversins laine.	4.800		3.400
Vêtements	21.000		4.540
Caleçons.	66.800		3.030
Chemises.	34.200		30.000
Draps	28.300		34.200
Couvertures et couvre-pieds . .	47.200		11.500
Poêles et cuisinières.	19.900		858
Tuyaux et coudes.	75.700 ml.		5.000 ml.
Lits divers.	5.400		4.500
Armoires et buffets.	1.200		1.400

Cession de maisons provisoires et bâtiments agricoles.

Le tableau ci-après donne le détail des baraquements fournis aux sinistrés.

NATURE DES ABRIS	CESSIONS FAITES	
	DU 1er janvier 1920 au 1er août 1920	DU 1er août 1920 au 1er mars 1921
Maisons provisoires 2 P.	672	76
— 3 P.	235	61
— 4 P.	608	158
Abris agricoles type A.	197	112
— B.	111	151
— C.	283	157
Total	2.106	715

LA SITUATION ACTUELLE DU PROGRAMME DE FOURNITURE DE BARAQUEMENTS EST RÉSUMÉE AU TABLEAU CI-APRÈS

	ABRIS D'HABITATION			ABRIS AGRICOLES PROVISOIRES		
	2 pièces	3 pièces	4 pièces	type A	type B	type C
En stock dans les magasins de l'État à ce jour	83	101	73	69	22	63
En stock chez les fournisseurs de Meurthe-et Mos.	3	33	92	»	»	»
En stock aux ateliers de la reconstruction à Jarville	»	50	»	»	»	»
TOTAL des stocks	86	184	165	69	22	63
En fabrication aux ateliers de Jarville	15	55	320	90	180	87
En fabrication à Saint-Nicolas-du-Port	»	»	20	»	»	»
TOTAL des disponibilités d'ici fin mai 1921	101	239	505	159	202	150
Besoins probables	75	90	135	150	200	150
Excédent sur les besoins	26	149	370	»	»	»

Ce tableau montre, d'une part, que le département possède déjà dans les magasins de l'État toutes les maisons provisoires qui peuvent être nécessaires pendant l'année 1921 et une partie des abris agricoles provisoires; le complément de ces derniers sera disponible d'ici mai prochain.

Et, d'autre part, que les services de reconstitution de Meurthe-et-Moselle vont pouvoir, grâce aux ateliers de Jarville, mettre à la disposition des départements voisins 545 maisons provisoires.

Ce fait est d'autant plus heureux que le Service central du ministère des Régions libérées a déclaré, le 5 février, ne disposer que de 8.000 maisons, alors que le total des demandes qui lui ont été faites par les départements sinistrés s'élève à 16.700.

Liquidation des matériaux. — Bien que les ordres ministériels n'aient pas permis de donner à la liquidation l'importance qu'elle aurait pu avoir, le Service des matériaux a vendu, dans des conditions très avantageuses d'abord, à l'époque des hauts cours, puis à des prix qui ont baissé de mois en mois avec les cours, les matériaux et matériels dépréciés ou avariés ou susceptibles de se détériorer rapidement.

L'ensemble des ventes s'élève à 9.121.241f 85.

Magasins supprimés. — On a liquidé les magasins ci-après qui sont complètement supprimés :

Vézelise.
Bayon.
Varangéville.
Maixe.
Croismare.
Gentilly.
Liverdun.
Ménil-la-Tour.
Blénod-les-Toul.
Dieulouard.
Marbache.
Custines.
Belle et Bonne-Fontaine.
Valleroy.

La liquidation est avancée pour les magasins ci-après :

Rosières-aux-Salines.
Agincourt.
Rembercourt.
Nomeny.
Faulx-Saint-Pierre.
Leyr.
Mont-Saint-Martin.
Giraumont.
Dommartin-la-Chaussée.

Stations-magasins en service. — Pour la distribution des matériaux aux sinistrés, les magasins ci-après resteront en service, dans la mesure des disponibilités que laissera la liquidation générale, liquidation qui va commencer le 1er mars.

Blâmont.
Cirey.
Badonvillers.
Baccarat.
Chaufontaine.
Einville.
Gerbévillers.
Parroy.
Herbévillers.
Chantier Jourde (Nancy).
Jarville-la-Malgrange.
Emberménil.
Léonval.
La Bouzule.
Montenoy.
Thiaucourt.
Pont-à-Mousson (Boozeville), (parc à fourrages).
Audun-le-Roman.
Briey.
Chambley.
Gondrecourt-Aix.
Jeandelize.
Longuyon.
Mainbottel.
Mars-la-Tour.
Rehon.

Exposition permanente de matériaux. — Sur les instructions de M. le ministre des Régions libérées, une exposition permanente de matériaux a été organisée à Nancy, 32, boulevard de la Pépinière.

Son but principal est de vulgariser les matériaux et procédés nouveaux de construction susceptibles de procurer une économie de main-d'œuvre et par là même, d'accélérer le travail de la reconstitution.

Accessoirement, il a été annexé une exposition des matériels, outils, machines, menuiseries, meubles, objets de literie, etc..., tenus par les services de reconstitution à la disposition des sinistrés et, en outre, une exposition d'articles de ménage fabriqués à l'École d'apprentissage de Nancy.

Cette exposition a été inaugurée le 7 janvier.

Des matériaux de construction ont été exposés par :

1° La Société des Hauts Fourneaux, Forges et Fonderies de Pont-à-Mousson (construction en agglomérés spéciaux et briques de laitier, pavage en fonte et ciment);

2° Les Hauts Fourneaux de Pompey (agglomérés spéciaux et briques de laitier);

3° M. Pietra, à Marainvillers (construction en agglomérés de sable et ciment, marches d'escalier en ciment, tuyaux en ciment);

4° M. Daeschler et Cie, 29, rue des Jardiniers, à Nancy (marches et éviers à revêtement mosaïque, dalles et motifs décoratifs en mosaïque);

5° M. Cayotte (René) (moulages, corniches, rosaces, chapiteaux).

L'exposition est toujours ouverte aux nouveaux exposants.

En raison de la liquidation du Service des Matériaux, décidée par M. le ministre, les outils, machines, meubles, etc... exposés pourront prochainement être vendus à prix fixe, et au comptant, ce qui est demandé depuis longtemps par les sinistrés et par le public en général.

III — MAIN-D'ŒUVRE — RAVITAILLEMENT

La circulaire ministérielle du 3 février 1920 a précisé les attributions du service de la main-d'œuvre, en les étendant :

A toutes les questions concernant la main-d'œuvre locale nécessaire aux entreprises privées, relevant du ministère des Régions libérées.

On pouvait en conclure, que ce Service serait amené à intervenir dans tout ce qui a trait au recrutement, à la répartition, à l'installation, aux contrats et salaires des ouvriers tant français qu'étrangers employés par ces entreprises.

Ces questions ayant été réglées directement par les entrepreneurs eux-mêmes, le Service de la main-d'œuvre n'a eu à intervenir auprès du syndicat des entrepreneurs que pour le placement des ouvriers tchéco-slovaques, dont l'arrivée en France avait été annoncée par une décision ministérielle du 9 septembre 1920, du sous-secrétaire d'État aux Régions libérées. Mais en raison des conditions imposées par le contrat et du retard mis à leur donner satisfaction, la plupart des entrepreneurs ont retiré leurs demandes.

Au surplus, le recrutement des ouvriers étrangers par les soins de l'État n'avait plus de raison d'être par suite de la suppression à peu près complète des travaux en régie, et la réduction des crédits, d'autant qu'à l'aide du dépôt des travailleurs étrangers de Toul, il a été possible de satisfaire aux demandes d'ouvriers faites par certains services, tels que :

1° Le service de l'artillerie pour la récupération et le stockage des munitions;

2° Le service de l'état civil de la 20e région pour le regroupement des tombes.

Quels que soient les motifs qui n'ont pas permis de donner au Service de la Main-d'œuvre, les attributions prévues par la circulaire ministérielle du 3 février, la diminution du rôle qui lui incombait primitivement devait amener, à bref délai, la suppression de ce service, qui a été prononcée par la circulaire ministérielle du 16 décembre 1920, à dater du 1er mars 1921.

Le Service du ravitaillement civil a été également supprimé à dater du 1er octobre 1920; il a été entièrement liquidé le 1er mars 1921.

IV — TRANSPORTS

Service automobile. — A dater du 1er octobre 1920, le service automobile a été ramené au tiers environ des effectifs existants au 1er juin précédent, y compris le personnel de bureau; les transports ont été limités, en principe, à ceux du personnel et du matériel du ministère des Régions libérées, et se sont réduits, en ce qui concerne le matériel, aux transports suivants :

Baraques destinées à la reconstitution provisoire des différents villages.

Cailloux et ballast pour les Ponts et Chaussées.

Quelques transports à titre onéreux.

Une compression nouvelle a encore été effectuée dans le courant du mois de janvier après étude d'une meilleure utilisation des camions et l'intensification de leur rendement.

Enfin, le service s'est encore amélioré à la suite de l'interdiction de faire circuler les voitures de tourisme au delà d'un certain rayon en obligeant le personnel à emprunter plus largement la voie ferrée.

Dans le courant du mois d'octobre 1920, le ministre des Régions libérées nous a transmis, pour avis, une proposition présentée par un groupe financier en vue de la reprise de tout le matériel automobile existant dans le département ainsi que d'une partie des installations et des approvisionnements en pièces de rechange, bandages, pneumatiques et ingrédients, et de l'exploitation du Service des Transports.

Aucune proposition de prix n'était faite par les promoteurs de l'entreprise, la question du prix de vente était entièrement réservée, les bases de la discussion devaient être déterminées par une Commission d'évaluation que le ministre chargerait de procéder à l'inventaire du matériel. Un barème des transports était joint à la proposition.

Il a été répondu au ministre, le 23 novembre dernier, en lui signalant la situation exacte des transports dans le département.

L'affaire n'a pas eu d'autre suite.

Service hippomobile. — Le Service hippomobile a été supprimé le 1er novembre 1920. Il n'en reste qu'une unité composée de 190 chevaux et affectée au Service des Ponts et Chaussées, pour la réfection des routes.

Toutes les dépenses de cette unité sont payées par le service employeur et le service des transports généraux n'a à en surveiller que l'exploitation.

Le Service hippomobile comprenait au 1er juillet 1920 : 14 unités avec 1.000 hommes et 2.800 chevaux.

Voie de 0,60. — Le réseau du département comprenait en juillet cinq sections à l'effectif de 230 hommes, 33 locomotives et 690 wagons.

Les réductions successives ont ramené l'effectif au 1er janvier à 60 hommes, 30 locomotives et 684 wagons.

Les travaux de dépose du réseau vont être entrepris dès qu'un chef de section spécialiste, qui nous a été promis, sera à notre disposition.

Les matériels de traction et de voie sont à la disposition des coopératives et entrepreneurs qui en font la demande, aux conditions prescrites par le ministre.

Service de la navigation. — Ce service a été supprimé à partir du 1er mars 1921.

Les affrètements ont été confiés à l'inspecteur de la navigation de Nancy qui les traite, après adjudication, soit avec la petite batellerie, soit avec les sociétés de navigation.

V — AGRICULTURE

Situation générale du département au point de vue de la reconstitution agricole.

Depuis le 1er juillet dernier, les agriculteurs de Meurthe-et-Moselle ont continué à travailler avec la même ardeur à la remise en état de productivité de leur sol.

La situation générale au 1er janvier 1921, comparée à celle d'avant-guerre et à celle de l'année précédente, est résumée dans le tableau ci-dessous :

DIVERSES CATÉGORIES DU TERRITOIRE	1er JANV. 1914	1er JANV. 1920	1er JANV. 1921
Terres labourables (en culture, en jachère, en prairies artificielles ou temporaires)	259.600	140.200	206.300
Prairies et pâturages	75.000	75.000	82.000
Vignes	7.050	3.700	3.800
Cultures diverses (arbustives, oseraies, jardins)	11.600	7.100	7.800
Bois et forêts	137.500	137.500	137.500
Landes et terres incultes	12.000	138.000	65.500
Non compris dans les territoires ci-dessus	20.607	21.857	20.457
Superficie totale du territoire	523.357	523.367	523.357

Il convient de noter les fluctuations de la superficie occupée par les landes et terres incultes.

Au 1er juillet 1914,	landes et terres incultes	12.000	hectares
Au 1er janvier 1919,	— —	180.000	—
Au 1er janvier 1920,	— —	138.000	—
Au 1er juillet 1920,	— —	75.000	—
Au 1er janvier 1921,	— —	65.500	—

dont la plus grande partie se trouve évidemment dans la zone ayant été envahie, évacuée ou située à proximité de la ligne de feu.

En ce qui concerne cette zone, il semble intéressant d'indiquer par canton la marche de l'avancement de la reconstitution agricole :

CANTONS AGRICOLES de	SUPERFICIE des TERRES labourables	SUPERFICIE ayant reçu au moins UN PREMIER LABOUR		SUPERFICIE restant à remettre EN CULTURE	
		au 1er juillet 1920	au 1er février 1921	au 1er juillet 1920	au 1er février 1921
Conflans–Briey. .	23.200	20.700	21.400	2.500	1.800
Chambley.	7.800	5.900	6.300	1.900	1.500
Audun-le-Roman. .	13.300	11.150	11.300	2.150	2.000
Longwy.	11.800	10.000	10.300	1.800	1.500
Longuyon.	13.000	12.150	12.300	850	700
Nomeny	6.200	2.800	3.200	3.400	3.000
Leyr.	4.200	1.900	2.450	2.300	1.750
Bernécourt	15.100	9.800	10.000	5.300	5.100
Velaine.	8.100	4.600	4.900	3.500	3.200
Thiaucourt	10.800	1.450	2.400	9.350	8.400
Pont-à-Mousson . .	9.400	6.900	7.000	2.500	2.400
Lunéville.	27.500	23.750	23.900	3.750	3.600
Einville.	15.200	11.400	11.800	3.800	3.400
Blâmont–Cirey . .	11.600	4.150	4.350	7.450	7.250
Badonviller–Baccarat.	7.800	3.800	3.950	4.000	3.850
TOTAUX. . .	185.000	130.450	135.550	54.550	49.450

Le nombre d'hectares nouvellement défrichés du 1er juillet 1920 au 1er février 1921 est donc relativement faible. Il convient de remarquer que l'effort des cultivateurs s'est surtout porté sur les terres ayant antérieurement reçu un premier labour, en vue d'en parfaire l'ameublissement et le nettoiement pour les ensemencer soit à l'automne dernier, soit au printemps prochain.

Il est certain que les superficies ensemencées pendant la campagne agricole 1920-1921 seront considérablement plus importantes que pendant l'année précédente. Le défrichement des terres encore incultes ne pourra reprendre tout son essor qu'après l'achèvement des emblavures de printemps.

Pendant l'année écoulée, la reconstitution du cheptel animal a suivi la marche suivante :

DÉSIGNATION	1er janvier 1914	1er janvier 1920	1er janvier 1921
Espèce chevaline.	49.329	29.480	33.840
— mulassière	41	373	940
— asine	127	509	450
— bovine.	88.560	47.370	57.410
— ovine	60.240	20.230	30.650
— porcine	77.580	30.745	41.246
— caprine	8.613	6.615	8.940

Depuis le 1er juillet dernier, le département a reçu d'Allemagne 12 trains de chevaux contenant 1.718 animaux et un train contenant 458 bovins, ce qui porte à :

Chevaux	2.058
Bovins	3.594
Ovins.	7.677
Caprins.	227

le nombre des animaux livrés par l'Allemagne en exécution du traité de paix.

D'autre part, environ 1.600 chevaux provenant de la liquidation du service hippomobile des transports ont été cédés aux agriculteurs.

Actuellement, le service de la reconstitution agricole n'a plus à jouer qu'un rôle administratif comprenant principalement :

1° Le paiement aux sinistrés des premières façons culturales exécutées par leurs soins en vue de la remise en état de productivité des terres en friches du fait de la guerre;

2° La cession aux agriculteurs sinistrés des semences, engrais, instruments et machines provenant de l'Office de Reconstitution agricole et livrés par l'intermédiaire des sociétés tiers-mandataires.

1° PAIEMENT DES PREMIÈRES FAÇONS CULTURALES

A la date du 1er février 1921, le Service de la Reconstitution agricole a été saisi de 15.223 demandes de paiements portant sur la remise en état de culture complète de 25.142 hectares et sur la remise en état partielle de 25.100 hectares. La valeur totale des travaux dont le paiement est demandé s'élève à 9.500.000 francs environ.

Au 1er juillet dernier, le Service avait réglé 3.000 dossiers environ pour une somme de 2.077.863 francs.

Au 1er février 1921, le Service a réglé 10.900 dossiers portant sur une remise en culture complète de 8.530 hectares et une remise en état partielle de 21.827 hectares. Pour cet objet, il a été au total payé à cette date 4.934.084 francs.

Un assez grand nombre de demandes (4.300) déposées parfois depuis plusieurs mois restent donc encore en instance.

Le nombre des dossiers réglés n'a pu être plus élevé en raison du long travail matériel qu'entraine leur établissement (vérification sur place des travaux exécutés; détermination des surfaces traitées; établissement en quatre exemplaires d'états de travaux comportant la nomenclature détaillée de toutes les parcelles remises complètement ou partiellement en culture).

Il est cependant permis d'escompter que la plupart des demandes déposées avant le 1er janvier 1921 pourront être satisfaites, sauf dans l'arrondissement de Briey (en raison de l'état d'avancement de la reconstitution qui est bien près d'être achevée) et le canton de Pont-à-Mousson où le nombre des demandes est particulièrement élevé.

2° CESSIONS EN NATURE

a) *Semences et engrais.* — La vie normale a maintenant suffisamment repris pour qu'il soit possible aux agriculteurs de s'approvisionner librement chez le fournisseur de leur choix.

En ce qui concerne les fournitures directes de semences et engrais, le rôle de l'Office de Reconstitution agricole et des sociétés tiers-mandataires peut donc être considéré comme terminé.

Pour rendre aux deux sociétés tiers-mandataires du département l'hommage légitime qui leur est dû et mettre en valeur l'effort considérable qu'elles ont accompli, il parait intéressant de relever le chiffre total de leurs cessions :

Semences.	quintaux	*Engrais.*	quintaux
Blé	26.295	Scories	84.696
Avoine	60.636	Superphosphates	10.037
Orge	4.079	Kaïnite	3.878
Graines fourragères	1.611	Nitrate de soude	3.324
Betteraves	45	Sulfate d'ammoniaque	250
Pommes de terre	30.930	Sulfate de cuivre	489
Semences diverses	1.423	Engrais divers	361

b) *Matériel agricole.* — Un nombre considérable d'instruments de toute nature ont été cédés également par les sociétés tiers-mandataires dont le rôle sera désormais limité sur ce point à la liquidation du matériel qui leur reste en magasin et de celui qui provient de la récupération et qui leur est passé après remise en état par le Service des Centres de réparations.

Le tableau ci-dessous indique le nombre d'instruments cédés à ce jour et le nombre restant en dépôt :

	Cédés	En dépôt		Cédés	En dépôt
Charrues	1.727	451	Harnais de labour .	1.083	407
Cultivateurs extirpateurs	988	286	Harnais de limon . .	664	1.010
Herses.	1.611	498	Véhicules	2.871	440
Rouleaux	259	353	Batteuses	84	1
Semoirs.	78	186	Tarares.	513	9
Houes.	157	15	Trieurs	71	2
Distributeurs d'engrais	58	35	Fourches	1.350	3.848
			Brouettes	130	640
			Cuiseurs.	104	7
Faucheuses	1.685	204	Couveuses.	2	18
Râteaux à faneuses.	945	39	Meules	365	147
Coupe-racines . . .	346	17	Malaxeurs.	5	15
Écrémeuses	370	67	Fûts (en hectolitres).	7.800	31
Barattes.	232	10	Bâches (nombre de).	148	94
Moteurs.	41	24	Bâches (superficie en mètres carrés) . .	5.610	1.808
Bascules.	210	2	Concasseurs	19	»
Moissonneuses-lieuses	850	128	Houes à main. . .	189	809

3° RECONSTITUTION HORTICOLE

Le Service de la Reconstitution horticole a été supprimé.

4° RECONSTITUTION VITICOLE

L'effort de l'agent chargé de ce service a surtout porté sur la vulgarisation des meilleurs producteurs directs expérimentés sous notre climat, mais en s'efforçant cependant d'en limiter l'emploi à la production du seul vin nécessaire à la consommation familiale courante (Oberlin 595, Baco n° 1, Gaillard n° 2).

Ensuite, il s'est efforcé de persuader les vignerons qu'après avoir paré aux besoins les plus urgents, il convenait de reprendre la production des bons vins gris d'autrefois, que peuvent seuls donner les pinots, gamays et autres cépages locaux judicieusement sélectionnés, de façon à conserver les qualités spécifiques particulières qui assurent toujours aux vins de Lorraine des débouchés certains et rémunérateurs.

Depuis le 1er juillet, il a été effectué dans la zone dévastée des défoncements portant sur environ 18 hectares (15 dans l'arrondissement de Nancy, 2ha 50a dans l'arrondissement de Toul et 1 demi-hectare dans l'arrondissement de Briey).

L'application de la circulaire ministérielle 519 du 17 septembre 1919, limitant aux seules terres labourables le paiement des premières façons culturales considérées comme des dépenses de déblaiement, a soulevé chez les vignerons des réclamations qui nous paraissent justifiées. Nous avons demandé qu'en ce qui concerne les vignes, l'arrachage des ceps détruits et le premier labour à la main soient assimilés à des travaux de déblaiement et nous avons l'espoir que cette question sera très prochainement solutionnée à l'entière satisfaction des intéressés.

5° RECONSTITUTION APICOLE

Le département de Meurthe-et-Moselle est l'un des plus mellifères de France. La culture des abeilles, tout en procurant des ressources précieuses à ceux qui la pratiquent, exerce une heureuse influence sur la production fruitière. Aussi, les services de reconstitution se sont vivement préoccupés de la question du remplacement par l'Allemagne des ruches volées ou détruites pendant l'occupation ennemie.

Un accord a été conclu avec l'Allemagne le 1er février, qui prévoit la livraison pour notre département, en septembre et octobre prochain, de 8.000 à 10.000 ruches habitées.

PROGRAMME D'ACTION POUR 1921

Le Service de la Reconstitution agricole n'a plus désormais qu'un rôle presque exclusivement administratif ayant principalement pour objet le paiement aux agriculteurs sinistrés des premières façons culturales exécutées par leurs soins en vue de la remise en état de productivité des terres en friches du fait direct de la guerre.

La valeur totale des premières façons déjà exécutées mais non encore payées à la date du 1er février 1921 peut être évaluée à 4.500.000 francs.

Sur cette somme, 2.500.000 francs environ pourront être payés d'ici le 31 mars sur les crédits afférents à l'exercice 1920.

Il restera donc à payer une somme d'environ 2 millions de francs.

D'autre part, sur les 49.450 hectares de terres labourables restant actuellement à remettre en culture dans la zone dévastée, on peut estimer qu'il en est environ 40.000 en friches par une conséquence directe de la guerre.

Sur ces 40.000 hectares on peut estimer que 30.000 au maximum recevront un premier labour au moins au cours de l'année 1921.

Les travaux qui seront exécutés peuvent être évalués en

moyenne à 250 francs par hectare, soit comme dépenses à prévoir :

$$30.000 \times 250 = 7.500.000 \text{ francs.}$$

Il convient également de tenir compte des premières façons culturales déjà exécutées par des cultivateurs qui n'en ont pas encore demandé le remboursement et dont la valeur peut être évaluée à 3 millions de francs environ.

Le total des crédits nécessaires au remboursement aux cultivateurs sinistrés des labours et façons exécutés par eux-mêmes pour remise en état de productivité du sol serait donc le suivant :

Liquidation des demandes de paiement des façons culturales exécutées antérieurement.	2.000.000f
Paiement des premières façons culturales exécutées au cours de l'exercice budgétaire 1921	7.500.000
Remboursement des premières façons culturales exécutées antérieurement mais dont le paiement n'a pas encore été demandé	3.000.000
TOTAL	12.500.000f
Les crédits délégués pour cet objet au département sur l'exercice budgétaire 1921, s'élèvent au chiffre provisoire	8.932.835
d'où une insuffisance probable de	3.567.165f

Mais il convient de faire observer que le Service de la Reconstitution agricole, eu égard au personnel dont il dispose, n'aurait probablement pas la possibilité d'assurer des paiements supérieurs aux crédits délégués.

Sa tâche est en effet singulièrement compliquée du fait que les cultivateurs sinistrés ont le droit de demander le paiement partiel des façons culturales exécutées pour la remise en état de productivité, par exemple, pour une même terre, d'abord le prelabour, quelques mois après, un ou deux scarifiages, puis plus tard encore, un ou deux hersages.

Cette manière d'opérer n'est d'ailleurs pas sans danger pour les intérêts de l'État, car il risque de se présenter des cas où un sinistré fera par exemple une avoine sur un seul labour dont il demandera et obtiendra le paiement, lèvera la récolte, puis ensuite laissera sa terre redevenir friche.

Cette constatation ne comporte d'ailleurs aucune critique, car il est évidemment impossible de dénier à un sinistré son droit au paiement immédiat d'un travail qu'il a exécuté comme entrepreneur, pour le compte de l'État.

Elle a simplement pour objet de faire valoir que le Service de la Reconstitution agricole se trouve dans l'obligation de faire deux, trois ou quatre fois le même travail de vérification et de paperasserie, long et fastidieux, chaque fois que le sinistré demande le paiement successif et immédiat des premières façons culturales qu'il a exécutées.

Dans le département de Meurthe-et-Moselle, l'assolement généralement suivi est l'assolement triennal : jachère, blé, avoine.

En ce qui concerne l'exécution des premières façons culturales :

La remise en état de productivité de la sole cultivée en blé pendant la campagne agricole 1919-1920 (17.000 hectares environ) est terminée;

La remise en état de productivité de la sole ensemencée en blé à l'automne 1920 (33.000 hectares environ dans la zone dévastée) l'est également;

La remise en état de la troisième sole, celle qui sera ensemencée en blé à l'automne 1921, n'est pas terminée et n'est que partielle pour les champs ayant été ensemencés en 1920 en avoine faite sur un seul labour (champs actuellement en versaires), mais elle sera complète à l'automne prochain.

Bref, après les emblavures d'automne 1921, le gros œuvre de la remise en état de productivité du sol sera achevé.

Certes, la reprise de la culture ne sera pas encore complète, car elle ne peut que marcher de pair avec la reconstruction des bâtiments d'exploitation, la reconstitution du cheptel, et non les précéder.

Il restera encore des friches chez les exploitants non encore rentrés et chez ceux qui sont limités dans leur action par le manque de locaux, attelages de main-d'œuvre et aussi de capitaux d'exploitation.

Mais un rude effort aura déjà été accompli et le cultivateur lorrain, à juste titre, pourra être fier de son œuvre.

VI — ROUTES ET CHEMINS

A l'armistice, la longueur des routes et chemins de toutes catégories à réparer était en nombre rond de	4.500	kilomètres.
Au 31 décembre 1920, la situation était la suivante :		
Longueur de routes et chemins améliorée .	2.415	—
Longueur de routes et chemins remise en état définitivement.	738	—

Il a été prévu un tonnage total de matériaux à employer de.	2.800.000 tonnes.
Le tonnage des matériaux reçus est, au 31 décembre 1920, de	930.000 —
Le tonnage employé à la même date est de.	593.500 —

Les matériaux utilisés sont :

Le trapp et le mélaphyre pour les routes nationales et départementales; les laitiers, calcaires, cailloux ou galets de rivières pour les chemins d'intérêt commun et les chemins vicinaux ou ruraux.

Dans les environs des villages détruits, on a utilisé une partie des matériaux provenant de la démolition des maisons. Des goudronnages superficiels et des essais de tarmacadam ont été effectués sur plusieurs routes nationales; les résultats sont généralement satisfaisants. Pour ce travail, il a été employé 303 tonnes de goudron d'usine à gaz, d'une valeur de 76.000 francs. On a utilisé 1.900 mètres cubes de tarmacadam, pour la somme de 57.000 francs.

Les transports par fer ont repris normalement au mois de juillet. De plus, en outre des sept bateaux lui appartenant, l'Administration a reçu du Service des transports généraux des Régions libérées, tous les bateaux nécessaires pour les transports par eau des matériaux en provenance de Fontenoy-le-Château, de Messein, de Jarville ou d'Alsace.

Nous employons trois grues à vapeur dont deux sur pontons peuvent être déplacées suivant les besoins, et deux grues électriques en location.

Le Service utilise :

26 cylindres à vapuer apparten. à des entrepreneurs,
20 cylindres à vapeur } appartenant à l'État,
20 cylindres à essence }

soit un total de 66 machines.

5 tracteurs appartenant à l'État et
10 tracteurs avec remorques d'une puissance totale de transport de 100 tonnes appartenant à une entreprise de transport

ont été en service en 1920 et ont transporté plus de 100.000 tonnes pendant le deuxième semestre 1920.

Dans l'ensemble, les entreprises de réfection des routes ont un fonctionnement normal; quelques-unes cependant marchent assez lentement : l'entreprise du dix-septième lot (Longuyon) a été résiliée par suite de l'inertie de l'adjudicataire; les travaux sont continués par des tâcherons ou en régie directe.

L'approvisionnement des matériaux a pris sur les cylindrages une notable avance et le développement de ces derniers ne va pas sans rencontrer de sérieuses difficultés dues à l'insuffisance de matériel convenable et au mauvais état général du matériel disponible, usagé et fatigué par un service intensif et un entretien à peu près nul pendant la durée de la guerre. Il en résulte, pour les travaux, une discontinuité fort gênante qui réagit sensiblement sur les prix de revient. Pendant le quatrième trimestre, le manque de crédits et les gelées précoces ont ralenti fortement les travaux de cylindrage.

La quantité de charbon utilisée pour les cylindres pendant le deuxième semestre 1920 est de 3.202 tonnes et provient du B. N. C. Le commerce du charbon redevenant libre à partir du 1er avril, la fourniture en sera assurée à l'avenir par les entrepreneurs. L'essence pour cylindres et autos a été fournie en 1920 par le Service des Régions libérées.

Il est difficile de préciser actuellement les travaux qui pourront être exécutés en 1921, car nous ne sommes pas fixés sur le crédit exact dont nous disposerons pour cet exercice.

Il nous a été alloué en 1920 des crédits s'élevant au total à 26.230.000 francs. Nous avons demandé sur l'exercice 1921 une somme de 30 millions qui ne nous sera très probablement pas allouée intégralement et qui serait cependant bien nécessaire en raison des dépenses non réglées de 1920 que nous avons à solder en 1921. Dans tous les cas, nous nous conformons scrupuleusement aux instructions de l'Administration prescrivant de comprimer les dépenses le plus possible.

Nous résumerons notre programme pour 1921 en disant que cette année sera surtout employée au cylindrage des quantités très importantes de matériaux approvisionnés le long des routes et chemins de toutes catégories du département. Outre les cylindrages prévus pour 4.500.000 francs, nous continuerons les approvisionnements qu'on peut estimer à 12 millions pour 1921 dans la mesure où les crédits nous le permettront. Si les circonstances sont favorables, nous espérons qu'une longueur totale de 800 kilomètres sera remise en état pendant l'année.

D'une façon générale, nous nous attachons à réduire le plus possible le travail à la journée en faisant exécuter les travaux à la tâche afin d'obtenir un meilleur rendement, ce qui procurera une économie appréciable.

Sur 53 ouvrages d'art détruits, 40 ont été rétablis définitivement et 3 ponts et une passerelle endommagés sont réparés.

MATHEU.

IMPRIMERIE BERGER-LEVRAULT, NANCY-PARIS-STRASBOURG